LE PARTI DE DIEU

Du même auteur

Histoire paradoxale de la IVe République, Grasset, 1954.
Les Greniers du Vatican, Fayard, 1960.
Voyage au pays de Jésus, Fayard, 1965.
Le Sel de la terre, Fayard, 1969.
Dieu existe, je L'ai rencontré, Fayard, 1969.
La France en général, Plon, 1975.
Il y a un autre monde, Fayard, 1976.
Les Trente-Six Preuves de l'existence du diable, Albin Michel, 1978.
L'Art de croire, Grasset, 1979.
Votre Humble Serviteur, Vincent de Paul, Le Seuil, 1981 (réédition).
La Baleine et le Ricin, Fayard, 1982.
La Maison des otages, Fayard, 1983 (réédition).
« N'ayez pas peur ! » dialogue avec Jean-Paul II, Laffont, 1983.
L'Évangile selon Ravenne, Laffont, 1984.
Le Chemin de la Croix, Desclée de Brouwer/Laffont, 1986.
« N'oubliez pas l'amour », La passion de Maximilien Kolbe, Laffont, 1987.
Le Crime contre l'humanité, Laffont, 1987.
Le Cavalier du quai Conti, Desclée de Brouwer, 1988.
Portrait de Jean-Paul II, Laffont, 1988.
Dieu en questions, Desclée de Brouwer/Stock Laurence Pernoud, 1990.
Le Monde de Jean-Paul II, Fayard, 1991.
Les Grands Bergers, Desclée de Brouwer, 1992.
Excusez-moi d'être Français, Fayard, 1992.

André Frossard
de l'Académie française

Le parti de Dieu

Lettre aux évêques

Fayard

Messeigneurs,
Mes pères,
Messieurs,

Pardonnez mon hésitation, mais l'on ne sait plus très bien sur quel ton il convient de vous adresser la parole pour ne point manquer au respect qui vous est dû ni contrarier le goût de la simplicité qui est le vôtre, depuis quelque temps. Car vous êtes toujours « monseigneur » pour les fidèles du commun, dont je suis, sans nulle vanité, « mon père » pour ceux qui ont le bonheur de vous approcher familièrement, et qui parfois vous appellent tout bonnement par votre prénom, comme aux premiers temps évangéliques ; enfin votre tenue vestimentaire, votre cravate rayée, ou fleurie, votre costume fil-à-fil de cadre légèrement supérieur incitent à vous donner du « monsieur » ; j'éviterai le mot, toutefois, qui vous laïciserait peut-être au-delà de ce que vous êtes disposés à consentir au siècle ; je me garderai du « messeigneurs », que l'usage a par trop teinté d'ironie, et je dirai, ici, « mes pères », appellation confiante, naturelle pour un fils reconnu, ou qui croit bien l'être, et rappel opportun pour ceux d'entre vous qui ont tendance à choisir leurs enfants.

Mes pères, donc, j'ai quelques plaintes à formuler, assorties de regrets, de reproches sans aigreur, d'inquiétudes que je vous supplie de ne point juger précipitamment sans cause, et d'interrogations dont je crains qu'elles ne restent sans réponse, tant la communication est devenue difficile dans l'Église depuis que l'on y prône l'échange et le dialogue.

Mes pères, la foi se perd, l'univers chrétien s'est enfoncé si profondément dans l'oubli que son naufrage ne fait même plus de vagues. Accrochés à quelques épaves, débris de croyances, souvenirs flottants, nous attendons que vous veniez nous tirer de cette désagréable situation, au besoin en marchant sur les eaux.

C'est beaucoup demander, je le sais. Mais n'êtes-vous pas les successeurs des apôtres ? Osez. Donnez le démenti à ceux qui insinuent que la volute de votre crosse n'est plus qu'un symbole de perplexité doctrinale. Ne craignez pas de dire au monde qu'il y a une vérité.

Pères évêques, cette vie n'est supportable que s'il en est une autre ; toutes les religions avaient compris cela, et le christianisme mieux encore que les autres.

Il est vrai que la nature est belle, mais elle ressuscite plus aisément que nous, et nos tombes ne fleurissent pas toutes seules au printemps.

Il est vrai que la vie est une chose admirable, comme on aime à le répéter dans les églises ; mais la chanterons-nous dans le grand cimetière de ce monde, d'une bouche qui bientôt s'emplira de terre ?

Nous ne pouvons supporter l'idée que toute vie s'achève ici, dans la souffrance et dans les larmes ; notre âme ne respire à l'aise qu'au-delà des étoiles.

Ne laissez pas vos docteurs cultiver le doute et répandre le soupçon. Nous avons besoin de croire. Par exemple, de croire que nous n'avons pas aimé en vain, et que nous sommes attendus par ceux que nous avons pleurés.

Parlez-nous de Dieu. Et que ce ne soit pas pour nous dire une fois de plus qu'il est le « maître de l'histoire ». Il en a été la première victime, un certain vendredi, sur une hauteur de Jérusalem. L'histoire écrite est un rêve d'historiens ; l'histoire vécue fait peur.

Mes pères, jamais le monde n'a été plus troublé dans son fond, plus désordonné dans ses pensées, plus incertain de ses voies et plus vide de sens. Surmontez l'étrange timidité qui vous paralyse, et dites-lui ce que vous savez de Dieu.

Mes pères,

Vous avez les paroles de la vie éternelle, mais elles ne retentissent pas sur la place publique, et c'est à peine si elles résonnent encore dans les églises.

Il est vrai que le monde ne vous prête qu'une attention distraite, mais enfin il vous tend tout de même un bout d'oreille de temps à autre, et il entend de votre part un discours qui ressemble de moins en moins à celui de saint Paul, et de plus en plus à ceux de M. Méhaignerie, excellent homme au demeurant, mais qui n'est point successeur des apôtres.

Au cours des âges, le christianisme s'est renouvelé souvent avec une étonnante facilité. Il y eut le christianisme des catacombes, dont la germination puissante, crevant la terre, a fait éclater les marbres de l'empire et renversé l'idole de César ; le christanisme ébloui de Ravenne, où le ciel et la terre confondus célébraient avec une joie paisible l'abolition du mal, l'évanouissement du péché, l'avènement des nouveaux cieux et de la nouvelle terre promis par l'Évangile, théologie sublime dont on peut admirer la ravissante lumière discrètement enclose dans ces cœurs de brique de Saint-Vital ou de Saint Apollinaire ; le christianisme contemplatif de l'époque romane, le christianisme poétique avec François d'Assise, mystique avec Thérèse d'Avila et saint Jean de la Croix, sans oublier le christianisme pratique de Vincent de Paul, et j'en passe, ils sont trop ; mais tous ces christianismes puisaient paradoxalement leur nouveauté dans la même tradition, leur génie dans le même Évangile pris à la lettre, et leur force dans le même Credo, dit avec la tranquille assurance de l'enfant qui sait que, s'il n'est pas facile, rien n'est plus doux que d'apprendre à penser comme Dieu.

Vous avez compris naguère, il y a peut-être cinquante ans, que le christianisme était une fois de plus à réinventer. Heureuse intuition. Hélas ! après d'innombrables colloques et d'interminables explorations dans le néant volubile de la pensée contemporaine, vos docteurs ne nous proposent qu'une sorte de christianisme centriste, démuni de ses miracles abandonnés à l'initiative des savants, lesquels se flattent de les multiplier à l'instar de ces mages de Pharaon qui égalèrent quelque temps Moïse en prodiges ; un christianisme fort discret sur ses mystères, réduit à la sociologie, à la morale et à l'histoire, qui répond aux questions que l'on est « en recherche », et aux angoisses que l'on est « à l'écoute ».

Charitable disposition. On est à l'écoute, mais on n'entend pas la plainte de la foi, qui agonise ; de la foi exclue de la vie quotidienne, bannie depuis longtemps des écoles, ignorée du matérialisme contemporain et qui, retirée dans les ultimes refuges de la conscience où elle survit encore, attend avec une espérance de jour en jour déclinante que vous lui apportiez, mes pères, les secours de la religion.

A l'office du dimanche, mes pères, j'ai entendu de mes oreilles incrédules une prière commençant par ces mots : « Ô Dieu inconnaissable... » Étais-je bien dans une église catholique ? Un caprice du temps m'avait-il ramené subrepticement au pied de l'un de ces autels que les Grecs, prudents, dédiaient jadis « au dieu inconnu » ? Imaginez la surprise d'un Huron d'aujourd'hui entendant une assemblée chrétienne invoquer un « Dieu inconnaissable » pour l'appeler dix minutes plus tard « Notre Père » et lui adresser toutes sortes de demandes supposant des relations confiantes, et même une sorte d'intimité ! Vos théologiens, vos liturgistes, vos experts en oraisons enfin sont bien trop subtils pour les Hurons, qui ne parviennent pas à comprendre ce que cela peut bien être qu'un Père inconnaissable, à l'image et ressemblance duquel la Bible leur dit par ailleurs qu'ils sont faits. Faut-il croire la Bible, ou vos experts ? On voit bien que ceux-ci entendent persuader les Hurons que les infinies profondeurs de Dieu ne sauraient être épuisées par notre intelligence, mais cela, les Hurons le savent dès leurs premiers pas, dès leur premier regard sur les tourbillons du ciel ; mais ils savent aussi, par un instinct propre à leur humble condition, que ce qui est inconnaissable en soi garde la faculté de se faire connaître, et ils ont cru comprendre que c'était là, précisément, ce que vos missionnaires appelaient depuis deux mille ans la « Révélation ». C'était, il est vrai, avant l'arrivée des experts, dont le génie a tout changé, et qui nous parlent de leur Dieu inconnaissable qu'ils appellent parfois, avec une égale délectation, le Tout-Autre, afin de bien graver dans nos pauvres têtes de Hurons que nous n'avons rien en commun avec Lui. Comment peut-on concilier cela avec les formules du Credo qui chantent l'Incarnation et nous apprennent que le Fils de Dieu s'est fait homme, qu'il a vécu et souffert non comme un Tout-Autre, mais tout comme un autre, qu'il a connu toutes nos misères, hormis le péché, et qu'il a donné sa vie pour que nous ne soyons plus jamais seuls dans notre mort ? Vos experts ne prennent pas la peine de nous expliquer cela. Habitués à vivre sur les sommets de la pensée, ils se soucient peu de descendre dans notre vallée de larmes pour répondre à nos questions.

Mais comment réussirez-vous, mes pères, à évangéliser une nouvelle fois le monde, comme le pape vous le demande, et comme les chrétiens l'espèrent, si vous n'avez à proposer qu'un Inconnaissable à la curiosité des hommes, et un Tout-Autre à leur solitude ?

L'un de vous, mes pères, nous a dit un jour qu'il y avait, certes, moins de fidèles dans les églises, mais qu'ils étaient de meilleure qualité. Somme toute, moins les chrétiens sont nombreux, plus ils progressent. Quand il n'y en aura plus du tout, ils seront parfaits.

Il est évident que les chrétiens raréfiés d'aujourd'hui sont beaucoup plus solides que la multitude flageolante des chrétiens d'hier. Ferme sur ses pieds, solide, le chrétien amélioré se tient debout, parfaitement droit, et on ne le voit plus à genoux dans les églises ; le chrétien est devenu inflexible.

Il faut dire qu'on lui répète sur tous les tons qu'il est le « peuple de Dieu », ce qui ne va pas sans privilèges, et justifie une certaine rigidité dominatrice. Il n'est plus de ces fidèles de piètre qualité dont la disparition laisse Monseigneur de marbre, et que la reconnaissance jetait dans des prosternations éperdues au pied des autels ; c'est un militant, c'est-à-dire un militaire, qui ne courbe la tête que pour monter à l'assaut, assiste à l'élévation comme à l'envoi des couleurs, et va communier la main tendue comme on va toucher son pain de munition. « Peuple de Dieu ! » Vous avez sans doute vos raisons pour employer cette formule redoutable, qui semble déshériter le peuple juif et dont on nous dit qu'elle a été adoptée aisément par le Concile. Mais imaginez la surprise du Huron — toujours lui — entré par hasard dans une de vos églises, et qui entend, l'assistance, où il n'aperçoit point de Huron, se proclamer elle-même « peuple de Dieu », comme s'il était des peuples qui ne fussent pas de Lui, des peuples dépourvus de paternité connue, des peuples orphelins qui n'auraient point de part à la société des élus ! Son étonnement ne fera que croître pendant l'homélie, où un orateur plein de la meilleure des bonnes volontés prêchera contre l'exclusion, la ségrégation, pour le droit à la différence et la fraternité universelle. « Bon, se dira le Huron, le peuple de Dieu n'est pas autre chose que l'humanité tout entière, y compris les Hurons. Je rapporterai la nouvelle au pays, où elle en réjouira plus d'un. » Cependant, il verra une partie du peuple de Dieu recevoir la communion, et l'autre rester à son banc. « N'êtes-vous point du peuple de Dieu ? demande-t-il à son voisin resté près de lui. — Je crois bien que si, lui sera-t-il répondu.

— Pourquoi, alors, n'êtes-vous pas allé recevoir le petit fragment de nourriture blanche que la plupart des membres de l'assistance consomment avec recueillement ? — C'est, monsieur, qu'il y a des conditions à remplir. La première est d'être baptisé. — Baptisé ? Qu'est-ce que cela ? — C'est recevoir sur la tête un peu d'eau, accompagnée de paroles sacramentelles qui vous rendent apte à la vie spirituelle. — Et vous n'avez point encore reçu cette aptitude ? Vous n'êtes pas baptisé ? — Pas encore. Mais de bonnes personnes m'instruisent, et je le serai bientôt. — Je vous le souhaite de tout mon cœur. Mais, si je vous ai bien compris, on peut être plus ou moins du peuple de Dieu, et... — Chut ! Nous gênons le célébrant. Nous reprendrons cette conversation dehors, quand le peuple de Dieu se sera dispersé. »

Mes pères, on n'obtient rien de vous par la force, mais par la douceur non plus, et nos gémissements ne semblent pas vous émouvoir. La moitié d'entre nous manquent s'évanouir d'effroi à la messe en entendant l'assemblée supplier Dieu de ne pas nous fournir des occasions de chute. Ce « Ne nous soumets pas à la tentation », qui est votre traduction de la sixième demande du Notre Père, renverse tout ce que vous nous enseignez par ailleurs de la bonté de Dieu, sans parler de la permutation des rôles que vous opérez dans l'histoire de notre salut. Si c'est Dieu qui nous induit en tentation, faudra-t-il que nous fassions appel au Diable pour y résister ? Jugez de notre désarroi ! Nous avions lu dans l'Évangile que Jésus Notre-Seigneur avait été tenté sur la montagne par le démon, qui lui avait offert tous les royaumes de la terre déployés à ses pieds en échange d'un acte d'adoration. Le même démon lui avait ensuite suggéré de faire la preuve de sa divinité en changeant les pierres en pains, base de tous les programmes électoraux, puis de se jeter dans les airs du haut du Temple de Jérusalem, « car, disait-il, il est écrit que les anges du ciel te porteront, de peur que ton pied ne heurte le rocher ». A quoi Jésus Notre-Seigneur avait répondu : « Il est écrit aussi : tu ne tenteras pas le Seigneur ton Dieu. » Il était donc établi, de par l'autorité des évangélistes, que la tentation montait de la région des ténèbres par l'intermédiaire de son représentant le plus distingué, celui que l'on appelle dans le même livre « le prince de ce monde », titre que nous nous employons de notre mieux à justifier ; la réplique du Sauveur rejetant la provocation à défier les lois de la nature semblait indiquer qu'il nous était possible à nous aussi, modestes créatures, de « tenter Dieu » Lui-même ; mais ni dans un cas, ni dans l'autre, le tentateur n'était notre Père des cieux. Vous aurez changé cela comme le reste, grande hardiesse, sans nous en dire un mot au préalable, de sorte que le fidèle troupeau s'en va répétant « Ne nous soumets pas à la tentation » sans trop comprendre ce qu'il dit, et sans oser vous demander les éclaircissements dont il sait par expérience que vous répugnez à les fournir.

C'est ainsi que vous l'avez fait passer de la messe à l'ancienne à la messe nouvelle, sans préavis ni transition. Du jour au lendemain, le fidèle troupeau a vu le prêtre qui officiait en avant de lui, comme à la proue d'un navire devant l'océan, se retourner brusquement pour lui faire face, et comme pour surveiller la porte, ou l'entrée des Barbares. Le tabernacle avait disparu, la moitié du prêtre également, de même que les jolies prières du début (« Je monterai à l'autel de Dieu — du Dieu qui réjouit ma jeunesse ») et l'admirable Évangile de la fin (« Au commencement était le Verbe, et le Verbe était en Dieu, et le Verbe était Dieu »). C'est la messe à l'envers, disait Paul Claudel, que vous avez fait bastonner par un théologien tout à fait dénué de considération pour le plus grand écrivain du siècle. On s'est mis à parler, parler, lire et chanter pendant quarante longues minutes, entrecoupant les textes, que personne ne prend la peine de tirer au clair, de chansonnettes de ce genre :

Abraham faut t'en aller
Prends ton bâton et puis file
Laisse là les gens tranquilles
Faut sortir de ta maison

manière censément poétique d'évoquer la mystérieuse vocation de l'immense patriarche, parti de Chaldée vers l'ouest à la manière d'un Christophe Colomb appareillant sur une mer de sable. Plus de Credo non plus, l'un des trois plus beaux hymnes du monde avec *La Marseillaise* et *L'Internationale.* On n'en donne plus que la version courte, quand on ne la remplace pas par des élucubrations sentimentales inspirées de la littérature de gare, où l'on apprend que le Christ a « aimé les hommes à en mourir », ce qui ferait plutôt penser à *La Dame aux camélias.* Et que dire des traductions variables, douteuses ou tranquillement fautives, qui nous font dire, par exemple, que le Fils est « de même nature » que le Père, tant il paraît que nous serions incapables de comprendre le mot « consubstantiel », qui répond en français au latin *consubstantialem Patris* que d'innombrables chrétiens ont chanté paisiblement pendant des siècles, admirant le mystère, sans se soucier de le résoudre au prix d'une formule saugrenue qui le détruit et nous fait retomber dans le paganisme : car s'il existe une « nature » divine, rien ne s'oppose à ce qu'on la retrouve dans plusieurs, ou dans une multitude de dieux. Ce « de même nature » est d'une bien grande imprudence, sans parler de la faute de goût. Avec le latin, que nous sommes censés ne pas entendre, a disparu le grégorien, ce libre chant de l'âme, qui nous venait du temps où l'Église avait partie liée avec la beauté.

Mais laissons cela — l'âme n'a plus beaucoup de place dans le discours religieux, et c'est sans doute pourquoi les lectures faites, les chansonnettes poussées, le sermon entendu, la messe est prise d'une accélération subite qui ne laisse guère à l'officiant qu'un petit quart d'heure pour servir et desservir la table de l'Eucharistie. Laissons cela, oui, laissons cela. Je ne plaide pas pour le rétablissement de l'ancienne liturgie, je souhaite simplement, s'il faut que la messe soit dite en français, que ce français soit bon.

Je viens de parler de « l'autorité des évangélistes », mais je me demande, mes pères, ce qu'il en reste aujourd'hui sous votre haut patronage. Car vous laissez dire, le danger est grand, que les Évangiles ont été rédigés longtemps après coup, vers la fin du premier siècle, plus tard encore peut-être, dans un genre littéraire approprié à la rusticité des fidèles. Ce seraient des recueils de fables, une pédagogie illustrée, composée sous la forme imagée des récits mythologiques à l'intention des fidèles du temps, peu capables d'assimiler la doctrine à l'état pur, tant et si bien que la fameuse expression « parole d'Évangile », qui jadis mettait fin au doute, commence à le susciter ; est-ce assez pitoyable ? Quand on pense que les grands personnages que furent Augustin, évêque d'Hippone, auteur des *Confessions*, l'un des dix ou douze livres majeurs de l'histoire humaine, Thomas d'Aquin, la plus puissante intelligence qui ait jamais exploré le ciel de la foi, Thérèse d'Avila, docteur de l'Église, Blaise Pascal, poète suraigu, ont lu l'Évangile comme nous le lisions hier encore, et comme l'étonnant François d'Assise le prenait lui-même, c'est-à-dire « à la lettre, et sans glose », étaient-ils assez naïfs ! Il est vrai qu'ils n'avaient pu suivre les cours de critique interne, de structuralisme et de psychanalyse qui sont indispensables à qui ne veut retomber dans les croyances enfantines d'autrefois. Il faut dire aussi que vous ne nous avez pas toujours tenu le langage qui est le vôtre aujourd'hui. Pendant dix-neuf siècles, vous nous avez proposé l'Évangile comme un compte rendu fidèle des actes et des paroles de Jésus, le Christ, Fils du Dieu vivant, sans laisser entendre, à aucun moment, qu'il pourrait s'agir de symboles, d'allégories, de fables, enfin d'articles de propagande à destination des cœurs simples, ou simplets.

Pardonnez-nous, mes pères, de vous avoir crus si longtemps. A entendre ce que vous laissez dire, écrire et enseigner sur l'Évangile, c'est donc Voltaire qui avait raison, et qui était fondé, avec Diderot et tous les autres Encyclopédistes, à railler notre crédulité, à moquer les miracles et à ricaner devant les mystères auxquels nous ajoutions foi, sur votre parole. Je suppose que vous n'allez plus tarder à introduire à Rome le procès en béatification de ces messieurs des Lumières, qui n'auront pas mis plus de deux cents ans à vous éclairer. Ce serait justice, à mon avis.

Cependant, j'ai à formuler une objection, que vous ne retiendrez pas, et une question qui restera, je le crains, sans réponse.

Dans l'Évangile, le Christ Jésus rend grâce à son père d'avoir révélé la vérité « aux humbles et aux petits », et de l'avoir cachée « aux sages et aux savants ». On ne tient pas plus compte de cette exclamation du Christ que de sa recommandation de devenir « pareils à des enfants » pour entrer dans le royaume des cieux. Confier « aux sages et aux savants » le soin d'élucider un texte qui nous dit expressément lui-même qu'il s'adresse à d'autres, c'est poursuivre l'œuvre de démolition des Écritures entreprise par Spinoza, et qui sera bientôt achevée ; c'est surtout dépouiller le peuple chrétien de son bien le plus précieux, le livre de ses fêtes, qui change ses chagrins en espérance. Les humbles et les petits ont besoin de croire, et ils croient en effet que tout ce que contient la Bible a été dicté par Dieu même, qui est humble

Lui aussi (« Apprenez de moi que je suis doux et humble de cœur ») et qui se fait volontiers petit. Peu importe que les sages et les savants modifient continuellement leurs traductions des Écritures, de crainte sans doute que nous ne nous avisions d'en sacraliser une, ou de manière à faire flotter encore un peu plus d'incertitude sur les textes ; ce qui compte pour les humbles et les petits, parmi lesquels je n'aurai pas l'outrecuidance de me ranger, et pour les ignorants — dont je suis, nul ne me contestera cette qualité — ce sont deux mots que les équarrisseurs de versets n'ont pas encore changés, les mots « Dieu dit », qui figurent dans les premières lignes de la Genèse. L'essentiel pour nous, humbles, petits ou ignorants, c'est que Dieu parle. Nous ne comprenons pas toujours Son discours, mais nous savons reconnaître, et nous aimons le son de Sa voix. Continuez, mes pères, à laisser vos experts traiter l'Écriture comme ils le font, et nous n'entendrons plus rien. Voilà pour l'objection.

Et voici la question. Si, comme vous le laissez dire sans protester, les Évangiles ont été rédigés plusieurs dizaines d'années après la Passion du Christ, s'ils sont à la religion ce que *La Chanson de Roland* est à l'histoire de Charlemagne, nous nous traînons à vos genoux, mes pères, pour vous supplier de nous dire quelle était la foi des chrétiens qui se sont fait massacrer dans l'intervalle. A quoi croyaient donc les martyrs lapidés, crucifiés, déchirés par les fauves avant la publication des Évangiles ?

Quelle était la doctrine des tout premiers disciples qui rasaient les murs de Jérusalem avant que cette doctrine fût mise en forme de contes, selon vos savants docteurs et autres Rocambole de l'exégèse qui ont votre confiance plus que Paul et Augustin, que leur conversion rend suspects de parti pris ? Que s'était-il donc réellement passé en Terre sainte pour que tant d'hommes mourussent pour le faire savoir au monde ? Un martyr est un témoin. De quoi témoignaient-ils donc, qui fût si différent de ce que rapportent les Évangiles ? Nous le direz-vous ? Non, vous ne nous le direz pas, et vos docteurs non plus, qui n'en savent rien.

Mes pères, nous lisions autrefois dans notre Évangile : « Que sert à l'homme de gagner l'univers, s'il vient à perdre son âme ? », et tout le monde comprenait ce que cela voulait dire. Vos traducteurs jurés ont changé cela. « Que sert à l'homme de gagner l'univers, s'il ruine sa propre vie ? », nous dit une Bible agréée ; et une autre, dite œcuménique : « Que sert à l'homme de gagner l'univers, s'il le paie de sa propre vie ? » Si vos traducteurs jurés avaient parlé de la « vie éternelle », on eût pu penser qu'il s'agissait d'une autre manière de désigner l'âme ; mais il n'en est rien, il n'est question que de la vie tout court, et l'équivalence ne joue pas, de sorte que la parole de l'Évangile devient une recommandation de simple bon sens. Que sert en effet d'avoir conquis l'univers, si c'est pour finir à Sainte-Hélène, ou, comme Alexandre, pour mourir d'un rhume des foins ? La vie est sans doute le premier des biens dans l'ordre chronologique, non dans l'absolu : les martyrs l'ont sacrifiée pour un bien plus élevé, beaucoup d'hommes ont donné leur vie pour la liberté, bien des mères sont prêtes à la donner pour sauver leur enfant. Donnerez-vous tort à ces martyrs, à ces hommes, à ces femmes ? Laisseriez-vous dire, en prenant la formule à rebours, qu'il importe peu que périsse l'univers, si l'on sauve sa vie ? Donneriez-vous ce conseil aux passagers d'un navire en perdition ?

Le Diable, sûrement, se délecte de ces variantes qui, sous prétexte de serrer le sens, ne font que le détruire, et donnent au lecteur l'impression que l'Écriture reste à écrire.

Vous n'osez plus parler de l'âme, et le mot a disparu du vocabulaire religieux. Sur ce point comme sur beaucoup d'autres, vous vous êtes laissé réduire au silence par le matérialisme. Mais celui-ci ne tardera pas à vous faire faux bond, lui aussi, car il est en train de s'apercevoir, avec un étonnement qu'il dissimule de son mieux, c'est-à-dire assez mal, que dans le monde tout est matériel, excepté la matière, qui dans son état primordial est inconcevable : « Aucun concept cohérent d'une particule à existence indépendante n'est possible », écrit David Bohm, prix Nobel de physique, « ni même un concept où la particule serait un corps à extension matérielle, pas plus qu'un concept où elle serait un point sans dimension ».

N'oseriez-vous plus parler de l'âme par crainte de manquer d'arguments ? Mais, vous venez de le voir, le matérialisme en est encore plus démuni que vous : il y a un mystère aux deux bouts de la chaîne de l'existence ; à une extrémité, la matière initiale, qui échappe au concept et qui ressemble à une simple virtualité ; à l'autre extrémité, l'esprit, que l'on ne peut isoler non plus et qui pourtant existe, la meilleure manière de le démontrer étant encore de le nier. L'esprit est cette étrange faculté qui permet à l'homme de se séparer du monde, pour le comprendre, et de lui-même, pour se juger : elle prend alors le nom de conscience. L'esprit est aussi une pure aptitude au divin, une puissance qui passe à l'acte dans sa relation avec Dieu, par le baptême, par l'expérience mystique ou tout simplement par l'amour : c'est alors que l'on parle de l'âme, dont il n'est plus question dans les églises. L'âme est ce qui tressaille en nous au nom de Jésus-Christ ; son séjour est l'espérance, sa vie est cachée en Dieu, qui est seul à connaître son nom, et qui n'a nul besoin du corps pour se faire reconnaître d'elle. Oui certes, l'âme est un mystère. C'est un bon motif pour y tenir, et une bien mauvaise raison pour y renoncer.

Souffrant — vieille habitude, et l'âge ne me réussit pas mieux qu'à d'autres — je viens de suivre la messe télévisée du 15 août, diffusée en Eurovision depuis une charmante église irlandaise, et je constate avec regret que mon état ne s'est pas amélioré, au contraire. Il se serait plutôt aggravé, mes pères, tant j'ai eu de peine à attendre une fête qui n'est pas venue, et une Assomption dont personne, parmi les célébrants, semble-t-il, n'avait entendu parler. Jugez de mon désarroi. Je crus tout d'abord que je m'étais trompé de date, ou que l'Église avait déplacé la fête pour lui assigner un autre jour ; il n'en était rien, nous étions bien au 15 août, et l'Assomption était toujours inscrite au calendrier comme elle l'était, du reste, au générique de l'émission. Mais j'eus beau allonger mes oreilles jusqu'à en faire des oreilles d'âne tournées en cornets à son, elles ne recueillirent pas une syllabe du nom de Marie. La première lecture nous apprenait comment transporter convenablement l'Arche d'alliance, à l'aide de deux bâtons passés dans des anneaux ; dans son Épître, l'apôtre Paul contestait la victoire de la mort d'une manière générale, et non pas propre à l'héroïne du jour ; quant à l'Évangile, il rapportait comment, à une femme qui jugeait bienheureuse celle qui l'avait allaité, le Christ avait répondu : « Heureux plutôt ceux qui écoutent ma parole et qui la mettent en pratique ». Le Christ avait ses raisons pour parler ainsi, mais nous, qui ne sommes rien auprès de Lui, nous sommes plutôt portés, le jour de l'Assomption, à penser comme les admiratrices de sa mère. Restait l'homélie. Monseigneur l'évêque, qui prêchait, parla longuement du septième centenaire d'un Carmel auquel il était très attaché, donna quelques conseils pour se bien conduire dans la vie, évoqua le traité de Maastricht, fort apprécié en Irlande. L'Assomption ? Point d'Assomption. Elle avait sans doute eu lieu dans un autre diocèse. Marie ? En dépit de mes grandes oreilles, je n'entendis point son nom. Vous avouerez qu'il y a, pour un fidèle du commun, de quoi rester songeur. Car les fidèles du commun, mes pères, aiment les fêtes, en particulier les fêtes chômées, non pas seulement parce qu'elles leur procurent un jour de repos, avantage non négligeable, mais parce qu'elles sont des rendez-vous de l'espérance et de la foi dans un ordre de réalités plus profondes et plus radieuses que celles qui nous environnent. J'ajouterai même que, à la différence des esprits bourgeois, qui se prennent pour saint Thomas et répètent volontiers qu'« ils ne croient qu'à ce qu'ils peuvent voir ou toucher », infirmité spirituelle dont il n'y a pas lieu de tirer vanité, les fidèles du commun, mes pères, aiment les dogmes, dont le mystère les attire sans les étonner, tant ils se doutent que la manière d'être de Dieu n'est pas tout à fait la leur : l'élévation de Marie dans les cieux ne les surprend pas plus que le chemin fait en sens inverse par la deuxième Personne de la Trinité venue habiter parmi nous. Vous ne vous rapprochez pas du peuple en esquivant les miracles, mes pères ; au contraire, vous vous en éloignez encore un peu plus. Le peuple voit bien que l'Assomption est une fête logique, directement consécutive à l'Immaculée Conception : si la Vierge Marie ne porte aucune trace du péché originel, il est évident qu'elle n'a pu connaître le genre de mort qui est le nôtre depuis notre expulsion du premier jardin. Tous les dogmes sont liés ensemble comme les mailles d'une laine ; tirez sur un fil, et tout l'ouvrage sera bientôt détruit. Je ne sais si vous avez mesuré ce risque en ne parlant pas de l'Assomption le jour de l'Assomption. Mais, après tout, qu'importe. Ce que nous ne fêtons pas sur la terre l'est toujours dans le ciel.

Mes pères, le siècle des Lumières a éteint le ciel. Il a institué la raison sa légataire universelle, et déshérité la foi.

La raison a dit aux hommes : je saurai tout, j'appellerai « science » toute connaissance qui s'inscrira dans mes limites, « ignorance » ou « superstition » tout le reste ; et les hommes lui ont fait une confiance plus grande que celle qu'ils accordaient la veille encore à la religion ; la raison s'est targuée de tout comprendre, et elle ne se comprend pas elle-même ; la science nous a promis d'expliquer l'univers, et elle n'entend même pas la question, qui n'est pas de savoir comment fonctionnent les molécules, mais par quel sortilège elles s'assemblent pour composer des êtres divers, du plus simple à ce vivant complexe et saugrenu qui ne sait plus très bien aujourd'hui s'il est la conscience de l'univers, comme semble l'indiquer le silence des galaxies, ou un ver tortillé de vaines inquiétudes sur une croûte de fromage. Situation ambiguë dont il n'est pas près de sortir.

La raison n'a tenu aucune de ses promesses. Elle n'a apaisé aucune des angoisses qui tourmentent les cœurs depuis le commencement des temps ; elle a substitué à ce qu'elle appelait la « superstition » une crainte révérentielle des sciences exactes, inexactes ou conjecturales, qui interdit au commun des mortels de se poser la question « pourquoi ? », décrétée hérésie par la sainte inquisition des sciences exactes, inexactes ou conjecturales ; elle a construit sur le terrain confisqué à la religion de monstrueuses idéologies qui ont fait périr les êtres humains par millions avant de disparaître dans le feu ou de s'évanouir dans les airs : la raison déraisonne sans la foi, telle est la leçon la plus claire du siècle.

L'immense supériorité de la religion sur toute autre forme de pensée tient à son sens aigu du mystère des choses, en particulier des choses expliquées ; car c'est à partir du moment où une rose est expliquée qu'elle devient inexplicable. La religion ne finit pas là où commence la science, comme le croyaient les rationalistes bornés qui ne craignaient pas de soutenir au milieu du siècle dernier que l'univers, désormais, n'avait plus de secrets pour eux, assertion d'une force comique à ce jour inégalée. Les scientifiques, aujourd'hui, sont plus prudents ; mais vous, mes pères, vous l'êtes beaucoup trop. Vous savez bien que la religion, en vérité, commence là où finit la connaissance scientifique, quel que soit le terme de celle-ci. Les mystères chrétiens que vous semblez parfois hésiter à proclamer ne sont pas des énigmes à résoudre, des fins de non-recevoir opposées à la curiosité des esprits, des charades obscures ou les formules volontairement indéchiffrables d'une magie peu soucieuse d'affronter la raison : les mystères chrétiens résultent de la rencontre de l'intelligence et de l'indicible.

Ce sont des fenêtres sur l'invisible. Ouvrez-les. On respirera mieux.

Mes pères, des siècles d'anticléricalisme, tantôt railleur, tantôt furibond et parfois sanguinaire, n'y ont rien changé : le peuple vous respecte. Je ne dis pas la grande bourgeoisie, qui méprise les activités qu'elle considère comme improductives, ni l'aristocratie, qui vous place bien à table, plus haut, certes, que le précepteur, et vous honore un peu comme les plénipotentiaires d'un royaume qui, Dieu merci, n'est pas de ce monde. Je parle du peuple, le vrai, celui qui est partout et nulle part, qui a trop d'adresses pour en avoir une. Oui, ce peuple vous respecte encore, lorsque votre mise lui permet de discerner votre état. Il est vrai qu'il s'est détaché de l'Église, non pas depuis le siècle dernier, non pas depuis la Révolution, mais depuis l'Ancien Régime et cette époque désastreuse où les « minets mitrés » recevaient leur consécration comme un privilège supplémentaire, à faire fructifier comme les autres. Cependant, bien que le divorce ait été prononcé dans les cœurs bien avant de l'être dans l'État, vous gardez une place à part dans l'opinion du peuple, et le prêtre en vous lui reste sacré. Ce n'est pas une des moindres curiosités de l'Histoire. Vous savez, je le suppose, pourquoi vous bénéficiez de cette sorte d'étrange faveur qui résiste à toutes les campagnes de dénigrement, et qui survit même à toutes les persécutions. Vous le savez, mais je vous le rappellerai tout de même : votre présence fait émerger les gens simples de l'anonymat ; devant vous, l'homme ordinaire redevient ce qu'il n'est plus dans la société moderne, qui le réduit par tous les moyens à l'insignifiance ; il redevient une personne. Car vous représentez Dieu, pour qui tout être a une importance considérable, à commencer bien entendu par le moins riche, le moins puissant et le plus ordinairement ignoré. C'est pourquoi le peuple n'aime pas trop que vous effaciez sur vous les marques de votre sacerdoce, pour n'en laisser subsister, parfois, qu'une croix réduite aux dimensions d'un insigne de club. On comprend que vous ne teniez pas à entendre le cri du corbeau qui saluait autrefois l'apparition de votre soutane, mais vous ne gagnez nulle popularité, croyez-moi, à vous habiller en experts-comptables. Vous êtes dans le monde, mais vous n'êtes pas du monde. Vous n'appartenez certes pas à une autre espèce, mais il est bon que l'on s'aperçoive, quand on vous rencontre, que vous êtes des enfants d'Adam et Ève chargés de rappeler aux autres qu'ils sont des enfants de Dieu.

Un peu pour les mêmes raisons, le peuple n'apprécie pas autant que vous l'imaginez l'expérience des prêtres-ouvriers. Il admire la générosité de leurs sentiments, et il ne voit pas d'objection à ce que des prêtres travaillent dans un atelier, comme les trappistes travaillent aux champs ; mais il voit bien aussi que la principale cruauté de la condition ouvrière est que l'on ne peut pas en sortir, alors que le prêtre-ouvrier le peut. « Les saints vont en enfer », disait à ce propos un livre touchant. C'est d'un beau dévouement ; mais le saint qui va partager le sort des damnés de la terre peut à tout instant retourner au paradis, à tout le moins au purgatoire ; la ressource n'est pas négligeable, et mieux vaut, si l'on tient à convaincre, ne pas feindre de l'ignorer.

Depuis votre ordination, mes pères, vous représentez parmi nous quelqu'un d'autre que vous, et qui tient à nous sauver. Vous ne venez pas seul au-devant de nous, et il n'est pas mauvais que votre tenue éveille notre attention. Aussi préférons-nous le col romain au col roulé et la tenue de clergyman au costume civil. Nous comprenons fort mal que vous teniez tant à ce que Jésus-Christ passe inaperçu.

Mes pères, vous n'avez qu'un parti à prendre, qui est le parti de Dieu. Les autres ne vous réussissent pas. Avant la guerre, vous étiez à droite, et la pluie de vos bénédictions fertilisait les partis conservateurs, qui vous juraient que, de toutes les choses qu'ils avaient à conserver, vous étiez la plus précieuse. Ils étaient persuadés que l'Église avait pour mission principale de prêcher la résignation aux pauvres, et qu'elle ne demanderait jamais aux riches que de joindre l'action de grâces à leurs actions en Bourse. Il y avait des chrétiens de gauche, comme il peut y avoir des enfants dénaturés dans les plus belles familles, mais ils étaient peu nombreux, le périmètre de leur influence était des plus réduits et leurs ambitions révolutionnaires n'inquiétaient personne. C'étaient de bons démocrates. Nés plus tôt, ils auraient pris le parti du capitaine Dreyfus, comme ils prirent en 1936 celui du Front populaire et celui de la République espagnole, tandis que la droite catholique priait pour Franco. En 1940, ils furent, avec de Gaulle et quelques esprits rebelles à la soumission, les premiers résistants de France, pour des raisons essentiellement morales : à leurs yeux, le nazisme était l'expression casquée du mal absolu, et la résistance, plus encore qu'une réaction patriotique, était un pur réflexe de la conscience chrétienne offensée par le paganisme raciste de l'envahisseur. Pendant ce temps, vous meniez l'immense troupeau des bien-pensants dans les maigres pâturages de Vichy, où des généraux fessés entreprenaient de nous faire passer de la retraite militaire à la retraite spirituelle. La défaite avait du bon : « Victorieux, notait avec soulagement l'archevêque de Lyon, nous serions retombés dans nos erreurs. » La débâcle nous avait épargné cette disgrâce, mais les valeurs les plus naturelles de la société française allaient être compromises dans la politique de collaboration du gouvernement de Vichy, si bien qu'il est impossible aujourd'hui encore de plaider pour le travail, la famille et la patrie sans révulser son auditoire. Vous avez — je parle de l'épiscopat, non de votre personne — laissé promulguer le statut des juifs, qui déshonorait la France, sans élever la protestation violente qui s'imposait. Misérables temps où la ruine de l'âme s'ajoutait à celle du pays !

Depuis que le Christ nous a ordonné de rendre à César ce qui est à César, et à Dieu ce qui est à Dieu, il est clair que l'Église doit se tenir soigneusement à l'écart du pouvoir politique. Il y a un antagonisme irréductible entre le parti et la vérité. Chaque fois que les circonstances mettent en demeure l'homme politique de choisir entre le parti et la vérité, il est constant qu'il choisit le parti. Or vous appartenez à la vérité.

Chose difficile à comprendre pour la droite, en particulier pour la droite vichyssoise, soutenue par l'épiscopat soudain gratifié de l'aumônerie d'un énorme patronage de délinquants de la démocratie, les chrétiens résistants de 1940 n'ont pas choisi leur camp. Ils ont tout simplement obéi, sans même avoir besoin d'y penser, à un impératif de la conscience chrétienne révoltée par le paganisme nazi, et quand on leur eût démontré que cette guerre serait finalement gagnée par l'Allemagne, ils n'en eussent pas moins résisté ; que dis-je, ils eussent résisté plus fermement encore ; la résistance n'était pas une politique.

Hélas, elle l'est devenue. Le grand jour de la Libération a dissipé l'espérance née dans la nuit, l'occupant avait à peine tourné les talons que la mystique se dégradait en politique, selon l'amère observation de Péguy, et ce fut pour vous — je parle toujours de l'épiscopat — l'occasion d'une deuxième erreur. Les chrétiens de la résistance, quelque temps chevaliers de la morale outragée, avaient ôté leur gantelet pour signer des promotions qui devaient plus à la camaraderie qu'au mérite, ou des condamnations dictées par l'instinct de représailles plus souvent que par l'esprit de justice. Ils allaient réussir à vous persuader que le christianisme devait désormais passer par la politique, et vous avez béni discrètement le « démocrate-chrétien », qui d'ailleurs ne se disait plus chrétien, mais « républicain populaire », et se faisait assister d'un syndicalisme de même confession, qui allait, lui aussi, effacer le mot « chrétien » de son enseigne. Les chrétiens politiques, miraculés par la victoire, partaient à la conquête du pouvoir en dissimulant leur identité. Ils vous ont convaincus sans peine, mes pères, de les aider à bâtir une société meilleure : c'est un désir commun à tous les hommes que de vivre sur une terre pacifiée, heureuse, délivrée du mal et filant gentiment sa rotation autour de l'espèce de bombe à hydrogène qui lui dispense la chaleur et la lumière. La tâche valait bien que l'on détournât un moment le regard de l'au-delà, du reste invisible, pour le porter sur cette terre. N'était-il pas chrétien de bâtir une cité fraternelle, où les humains attelés à leurs travaux bienfaisants trouveraient enfin, dans leur œuvre commune, la fin de leurs discordes, l'apaisement de leurs passions, l'harmonie de leurs différences ? Ils ne parleraient qu'une seule langue, par exemple l'européen, et ils pourraient célébrer la beauté du monde d'une seule voix, sans que Dieu eût à leur fournir les « nouveaux cieux » et la « nouvelle terre » dont parle l'Évangile : l'aventure de la création s'accomplirait entièrement ici-bas, sans qu'il fût nécessaire de lui imaginer des prolongements célestes. C'était exactement le programme des bâtisseurs de la tour de Babel. Le chrétien politique et social avait oublié que sa religion inverse les données de tous les problèmes, et que, selon l'Apocalypse, la nouvelle Jérusalem, la cité éternelle, ne monte pas de la terre, mais descend du ciel. Le chrétien prudent, et logique, jette les bases de toutes ses constructions dans les cieux.

Vous avez oublié cela, ce qui vous

a conduits d'une deuxième à une troisième erreur. Le monde meilleur qui retenait toute votre attention avait ses ingénieurs formés chez Karl Marx, l'histoire avait son interprète attitré, le parti communiste. Vous avez subi l'attraction de l'énorme masse soviétique, vous avez été tout près de croire que le marxisme était l'inévitable prolongement social du christianisme, et vous vous êtes laissé impressionner par le discours communiste au point d'en reprendre parfois le thème essentiel : il y a vingt ans, vous teniez le marxisme pour un « instrument d'analyse » fort utilisable par les chrétiens, et vous preniez en considération « le fait de la lutte des classes », comme si vous ne saviez pas que la lutte des classes est le fondement du matérialisme historique, qui va tout droit contre votre religion, à moins que vous n'ayez cru, avec l'innocence des néophytes, que l'on pouvait retenir une idée de Karl Marx et rejeter les autres. Mais Karl

Marx était un terrible logicien. Adoptez un mot de son vocabulaire, et il attirera chez vous tous les autres, qui prendront possession de votre pensée. Le christianisme prenant le marxisme pour un bon moyen d'« analyse » avait toutes les chances de disparaître dans l'éprouvette.

En ce temps-là, on pouvait être socialiste sans être chrétien, mais, à vous lire, il semblait difficile d'être chrétien sans être un peu marxiste. Les syndicalistes chrétiens qui s'en tenaient à la doctrine sociale de l'Église passaient à vos yeux pour de pauvres demeurés, abandonnés en chemin par l'Histoire et à traiter sans excès de ménagements. Ils n'avaient pas compris, n'est-ce pas, que la morale de l'Évangile devait trouver sa traduction concrète dans une réforme révolutionnaire de la société que vous disiez vous-mêmes « capitaliste », manière typiquement marxiste de définir les sociétés non communistes. Résultat : la destruction de la société libérale étant un préalable à tout progrès social, le syndicalisme français tout entier allait tomber en désuétude en même temps que l'idéologie révolutionnaire à laquelle il s'était imprudemment rattaché.

Vous n'étiez pas marxistes, mais vous étiez à demi-marxisés, ce qui était bien suffisant pour vous affliger de berlue, au point que nombre d'entre vous se demandaient de temps en temps si ce n'était pas, par hasard, l'étoile de Bethléem qui brillait sur le Kremlin.

Vous étiez à droite sous Pétain, mauvais souvenir ; au centre avec les « républicains populaires » de la IVe République, qui, faute de droite, devaient la moitié de leurs suffrages aux maréchalistes, l'autre moitié aux gaullistes, et affectaient de ne pas s'en apercevoir ; vous êtes ensuite passés à gauche, comme si vous aviez eu, tout soudain, la révélation que l'Évangile menait logiquement au socialisme, erreur fatale.

L'Évangile se décline à la deuxième personne du singulier, et attache à chaque être autant d'importance qu'à tous les autres pris ensemble, conformément à la mathématique divine qui ne sait compter que jusqu'à un ; le socialisme conséquent abolit la personne au bénéfice de la collectivité : le chrétien se doit de l'aider quand il réclame la justice, et de le combattre quand il réclame le pouvoir, car sa pente naturelle mène au totalitarisme ; vous n'avez pas compris cela, et vous avez laissé — quand vous ne l'y avez pas poussée — la religion à frayer avec l'idéologie, concubinage désastreux dont les enfants naturels ne sont finalement reconnus par personne.

Cette conversion de la religion à la politique est la dernière en date des grandes catastrophes du christianisme. Elle vous a conduits à délaisser les mystères de la foi, et vous a en conséquence éloignés du peuple au lieu de vous en rapprocher. Car le peuple n'attend nullement de vous un nouveau statut économique, il attend de vous que vous le sauviez de la mort ; il vous demande la vie éternelle, et vous lui promettez de l'augmentation.

Mes pères, nous sommes bien malheureux. Nous aimons les mystères, que nous célébrons en famille, à Noël ou à Pâques, et les miracles, qui nous émerveillent sans trop nous étonner, car si le créateur a bien fixé les lois de la création, il peut en modifier comme il lui plaît les décrets d'application ; or vos théologiens nous retirent mystères et miracles pour les remplacer par des images et des symboles. Nous leur demandons du pain, ils nous donnent du papier mâché. C'est ainsi que nous avons depuis fort longtemps l'habitude de fêter l'Ascension, qui rappelle le jour où Jésus-Christ ressuscité est monté aux cieux sous les yeux des apôtres (je ne dis point cela pour vous, certes, mais pour le lecteur oublieux ou insuffisamment informé). L'événement est rapporté par la Bible, au Livre des Actes, et par l'apôtre Paul. Or, voici que vos docteurs nous disent aujourd'hui qu'il s'agit d'une « manière de dire », d'une façon imagée de nous faire comprendre que Jésus-Christ est au-dessus de toutes choses ; son Ascension exprimerait sa « suprématie cosmique ». Ce n'est point là ce que dit le Livre, qui relate comment, au mont des Oliviers, les disciples ont vu Jésus « monter au ciel ». Ce n'est pas la même chose d'être établi en un lieu, et d'y monter, de siéger sur une hauteur, et d'en faire l'escalade ; le règne de Jésus sur le cosmos eût appelé une autre image. Mais s'agit-il d'une image ? L'Écriture rapporte l'Ascension comme un événement, un événement de nature assez rare, on en convient, mais tout est rare dans la vie de Jésus, de sa naissance virginale à sa sortie du tombeau. Voyez-vous où nous mènent vos docteurs ? Ils nous mènent à douter de la véracité des Écritures. Enfin, ils nous mèneraient à douter si nous ne doutions pas plus encore de leur inspiration.

Il n'est pas plus difficile, mes pères, de croire à l'Ascension qu'à la Résurrection, et... Mais voici justement que certains bonnets carrés ou pointus s'avancent et nous disent, avec un air de profondeur méditative des plus impressionnants, que cette résurrection dont parlent les Évangiles pouvait bien n'être, elle aussi, qu'une « manière de dire », une façon de faire entendre à nos esprits grossiers que le règne spirituel de Jésus n'aura point de fin, et que son souvenir perdurera dans la mémoire des hommes.

Las ! On entend le même propos

chaque fois que l'on porte en terre un conseiller municipal, ou le maire du village : il est convenu que son souvenir restera gravé dans la mémoire de ses administrés, qu'il demeurera, tout décédé qu'il est, un exemple vivant pour les générations futures ; bref, on ne l'oubliera jamais, on donne son nom à la rue de la Poste, et l'on se hâte de penser à autre chose.

Nous pensons depuis deux mille ans, nous, simples fidèles, que la Résurrection du Christ est un mystère d'une tout autre envergure, et nous préférons que l'on ne nous l'explique pas, plutôt que de le voir réduit aux dimensions exiguës d'un bonnet carré ou pointu.

Privés d'Ascension, « manière de dire », et de Résurrection, « façon de parler », nous pensions conserver du moins l'Eucharistie, qui est, chacun le sait, l'acte central de la messe, celui où le prêtre élève l'hostie et le calice après avoir prononcé les paroles de la consécration : « Prenez et mangez-en tous, ceci est mon corps livré pour vous » — ce corps étant celui du Sauveur, qui allait mourir en croix le lendemain.

Misère ! L'un de vos savants docteurs a entrepris d'élucider ce mystère, qui avait donné tant de tablature au génie de saint Thomas d'Aquin, et il nous a livré le fruit de ses réflexions dans cette formule triomphalement ambiguë : « Le pain eucharistié [c'est de l'hostie qu'il s'agit] est et n'est pas du pain, c'est et ce n'est pas le corps du Christ. » On voit là tout le progrès de la théologie depuis saint Thomas d'Aquin. Il n'est plus maintenant qu'à modifier le canon de la messe, et à faire dire au célébrant : « Ceci est et n'est pas mon corps ; je ne sais pas exactement ce que c'est, mais mangez-en toujours, si cela ne vous fait pas de bien, cela ne vous fera certainement pas de mal. »

Mes pères, invitez donc vos docteurs à laisser leur mystère aux mystères, et dissuadez-les de les rationaliser de manière à les rendre acceptables aux athées. Les mystères sont des objets de contemplation, non des énigmes à élucider : nous qui ne savons pas grand-chose, nous savons cela.

Je me soucie peu, mes pères, d'être qualifié de « traditionaliste » par vos bureaucrates. La tradition, disait Chesterton, est le droit de vote accordé aux morts, et je ne vois rien là que de très démocratique, les Corses ne diront pas le contraire. Je sais bien que l'inculpation de « traditionalisme » doit être des plus graves, puisqu'elle exclut l'inculpé de l'exquise charité que les chrétiens de la bonne espèce accordent à tous les marginaux. Soyez ce que vous voudrez, faites ce qu'il vous plaira, mais ne soyez pas traditionalistes, cela ne saurait vous être pardonné. Je signale aux malheureux en danger de tomber sous le coup de cette loi que l'on montre d'indubitables symptômes de traditionalisme quand on persiste à croire aujourd'hui ce que l'Église enseignait hier encore. C'est signe que le mal est profond.

Par chance, il ne peut guère m'atteindre ; car le traditionalisme suppose une tradition dont on est l'enfant légitime et reconnu. Or ma tradition familiale n'est pas celle des catholiques, mais celle du socialisme athée qui fut, quelque temps, communiste. Je dis cela avec soulagement.

Cependant, jugez de ma surprise lorsque ayant quitté le camp marxiste pour entrer dans l'Église, j'ai entendu presque aussitôt des religieux fort avancés en toutes sortes d'études me parler de Karl Marx avec gourmandise, légèrement étonnés que j'aie quitté une religion aussi belle que la sienne pour adopter la leur. Ils avaient découvert l'auteur du *Manifeste du parti communiste* un peu moins de cent ans après tout le monde, et n'en montraient que plus d'appétit. Les intellectuels chrétiens sont toujours en retard sur l'horaire des civilisations. Ils passent chez eux pour modernes quand ils découvrent la Renaissance, l'humanisme, la science ; pour révolutionnaires quand ils songent à prendre la Bastille. Et quand ils se rallient à Darwin, dont la théorie évolutionniste doit bien dater de cent cinquante ans, ils se décernent eux-même le titre de prophète.

Mais je n'étais pas au bout de mes surprises. Je vais en confier quelques autres dans les pages qui suivent.

Il est écrit : « Si vous ne devenez semblables à ces enfants, vous n'entrerez pas dans le royaume des cieux. » Vos spécialistes de la pastorale, qui s'évertuent à nous donner une « foi adulte », n'ont sans doute jamais eu connaissance, mes pères, de cet avertissement de l'Évangile. Une « foi adulte », qu'est-ce que cela ? Pourquoi pas une foi ridée, une foi barbue ? S'agit-il d'une foi qui ne s'en laisse plus conter, qui en prend et qui en laisse, qui en prend de moins en moins et qui en laisse de plus en plus ?

Faute d'indications précises, je m'en tiendrai à la foi de vieil homme en bas âge qui est la mienne un instant par jour, lorsque je vois un peuplier monter vers le ciel comme une acclamation de feuilles, ou lorsqu'un enfant, un vrai, m'adresse un de ces sourires qui viennent en silence d'un autre monde.

Devenir adulte ne demande pas de dispositions particulières, et, sauf accident, la réussite est assurée. La plupart du temps, grandir consiste à rapetisser, je veux dire à limiter ses ambitions, à réduire le périmètre de ses pensées, à freiner ses enthousiasmes jusqu'à l'immobilité complète, et, chose plus grave, à douter de l'amour, qui va rejoindre l'ours en peluche et le baigneur démantibulé dans le placard des illusions perdues.

Il est beaucoup plus difficile de rester ou de redevenir semblable à ces enfants que le Christ cite vainement en exemple à vos chargés de cours. Il y faut de la fraîcheur, denrée périssable, et qui ne se renouvelle pas ; de l'innocence, état de grâce des plus momentanés ; un œil rincé de toute impureté et un sens métaphysique aigu, qui produisent devant le spectacle de la nature cet étonnement sans lequel il n'y a point de pensée qui naisse ; il y faut aussi cette forte densité intérieure qui se manifeste chaque fois qu'un enfant dégringole un escalier de bois en faisant trembler la maison. Quel adulte peut se flatter d'avoir sauvé un seul de ces préalables ? « Et tout s'en est allé, écrivait Diderot, parlant de son enfance à une aimable correspondante. Les cheveux blonds et l'innocence ; il ne m'en reste que la mémoire, et ce goût que j'essaie de faire passer dans mes livres. »

Une foi adulte ? Croyez-moi, mes pères, pour perdre tout ce qui fait la beauté de l'enfance, nous n'avons pas besoin de professeurs.

Vos professeurs de « foi adulte », mes pères, auront bientôt fini de détruire la Bible, et l'on n'entend pas vos cris de douleur.

Il y a, nous disent-ils, mille façons de prendre l'Écriture sainte, qui toutes sont bonnes, excepté naturellement la plus simple, qui est de la manger comme une première version de l'Eucharistie.

Ils citent notamment la méthode *psychanalytique* — car ils ont découvert la psychanalyse comme ils ont découvert le marxisme, c'est-à-dire très tard — trop tard —, qui consiste à lire le texte autrefois sacré avec les lunettes du Dr Freud, lequel tenait la religion tout entière pour une énorme névrose historique et collective, point de vue qui fait de lui un guide des plus sûrs aux yeux d'un nombre considérable de gens d'Église ; la méthode *sociologique* : on appliquera les principes de l'analyse marxiste à l'Évangile, en ne tenant compte que des éléments économiques du récit, le miracle de la multiplication des pains fournissant, j'imagine, un bon exemple de plus-value ; la méthode *structuraliste*, qui présente sur toutes les autres l'avantage de n'avoir aucun intérêt et de ne mener nulle part — et dix autres méthodes aussi intéressantes que celles-là. Du célèbre épisode du Buisson ardent, qui brûlait devant Moïse sans se consumer, on peut faire, par exemple, une lecture *botanique* et *statistique* en étudiant la propension de certains végétaux du Proche-Orient à s'enflammer spontanément ; une lecture *optique*, en examinant dans quelle mesure, sous un soleil intense, un décollement de la rétine peut donner la sensation d'un fourmillement lumineux ; une lecture *psychologique*, où l'on s'efforcera de montrer comment la légère infirmité de Moïse, qui était bègue, a pu faire naître une vocation de porte-parole dans les profondeurs obscures de sa personnalité, etc.

L'un de vos professeurs de foi adulte, traducteur fort loué de la Bible, déclarait naguère qu'il n'y avait pas un atome de spiritualité dans le Cantique des Cantiques, ce qui eût bien étonné saint Bernard et nous permet d'ajouter une lecture *érotique* à notre collection de méthodes.

Il est clair que ces innombrables façons d'accommoder les textes bibliques ont pour effet d'égarer les esprits, au grand détriment de la foi.

Je crois bien, mes pères, que Dieu est tout seul aujourd'hui à prendre la Bible au sens littéral. Dieu, et avec lui le peuple, qui est un enfant dans ce qu'il a de meilleur, et qui comprend spontanément que si un Livre inspiré lui parle comme il le fait, c'est qu'il entend que nous voyions les choses comme il les rapporte, et non pas autrement. Vous ne regagnerez jamais la confiance du peuple en lui expliquant que vous lui avez raconté des histoires pendant deux mille ans, et que c'est maintenant, et maintenant seulement, que vous parlez sérieusement.

Les serpents d'Église, mes pères, glissent entre vos pieds, et vous n'entendez pas leur sifflement. Ils n'attaquent jamais les dogmes de face, ils n'en contestent aucun ; ils s'appliquent seulement à les vider de leur substance, en affectant de respecter leur enveloppe ; ainsi, dans les vergers, voit-on parfois sur le sol de belles pommes dont les loirs n'ont laissé que la peau. Les serpents d'Église ne soutiendront jamais que la Vierge Marie a rêvé qu'elle recevait la visite d'un ange ; ils nous diront qu'elle a pris conscience un jour de sa mission, et que saint Luc a donné une forme imagée à cette révélation tout intérieure, dont aucune intervention céleste ne vient garantir qu'elle n'était pas purement imaginaire. Il arrive que les serpents d'Église reçoivent le renfort inattendu des professeurs de foi adulte. Voici comment ceux-ci nous parlent de l'Incarnation dans un gros livre revêtu de votre sceau, œuvre collective de mille théologiens chargés, on ne sait trop par qui, de ramasser toutes les données de la religion catholique dans une sorte d'encyclopédie de la foi. Je recopie la conclusion d'un article sur la « psychologie du Christ » ·

« Les théologiens, aujourd'hui [vous noterez que les auteurs ne disent pas : "certains théologiens", mais "les théologiens", ce qui englobe toute la corporation], acceptent donc, à la lumière de l'Évangile, de reconnaître que Jésus était vraiment homme, ne savait pas tout sur tout et même que sa connaissance de Dieu était de l'ordre de la foi : il ne voyait pas Dieu. Mais il croyait. Pourtant, ils affirment en même temps que Jésus avait une conscience diffuse mais profonde de son lien très spécifique avec le Père. Cette conscience, de l'ordre du sentiment d'appartenance, a dû être présente tout au long de sa vie, mais grandir en lui et s'expliciter petit à petit au fur et à mesure qu'il analysait sa propre vie, et bientôt sa propre marche à la mort, à l'aide de l'Écriture et de la Tradition. Ainsi, aujourd'hui, les théologiens professent que Jésus a dû vivre une expérience humaine totalement originale marquée par un sentiment constant, mais pas forcément explicite, d'union à Dieu. »

Après cela je vous demande, mes pères, ce qui reste du Credo que vous continuez à nous faire chanter à la messe.

Certes, nous sommes soulagés d'apprendre que le Fils de Dieu croyait en

Dieu, même si sa foi n'en savait pas plus que celle des théologiens, si même elle en savait autant ; nous sommes bien aises de savoir qu'il n'a jamais perdu son « sentiment d'appartenance » à Dieu le Père, encore qu'il n'en ait jamais eu qu'une conscience diffuse ; nous sommes ravis de nous trouver sur un pied d'égalité avec lui quand on nous dit qu'« il ne voyait pas Dieu », que nous ne voyons pas non plus ; nous sommes bien un peu fâchés que son sentiment d'« union à Dieu » n'ait pas toujours été explicité, mais nous nous consolons à l'idée qu'il aura eu, pour l'aider à se comprendre lui-même, l'Écriture et la Tradition ; en quoi, il aura eu plus de chance que nous, à qui l'Écriture échappe de plus en plus, tandis que la Tradition, qui fait le traditionaliste, est devenue une fréquentation à éviter.

Il ne vous reste, mes pères, qu'à nous composer un Credo un peu moins *explicite* et un peu plus *diffus* qu'il ne l'est aujourd'hui. Ses assertions massives, il faut bien le reconnaître, cadrent mal avec le langage nuancé de la psychologie moderne. Peut-être serait-il plus simple de faire commencer notre profession de foi par un « non-credo » qui permettrait de ne rien changer à la suite du texte.

C'est une justice à vous rendre, mes pères, que vous donnez l'exemple des bonnes mœurs, et que nous sommes loin des cardinaux libertins de l'Ancien Régime, qui ne voyaient pas le mépris monter autour d'eux. Vous défendez la morale ; mais vous la défendez un peu comme les soldats de la ligne Maginot, qui faisaient front à un ennemi absent : vous le savez, la ligne Maginot s'arrêtait au point précis où les invasions commencent depuis deux ou trois mille ans, et elle n'a jamais arrêté que l'armée française. De même, vous tenez solidement les casemates de la ligne sociale de l'Église, que personne n'attaque ; vous prônez la justice entre les hommes, sans qu'aucun contradicteur vienne donner quelque mérite à votre résistance ; vous êtes pour la paix, mais nul ne songe à vous dire, sous le nez, que la guerre a plus d'agréments ; et tandis que vous consolidez sans relâche le béton de ces évidences, l'envahisseur, comme l'Allemand de 1940, a tourné vos positions et occupe le territoire : la société s'enfonce dans un matérialisme placide qui oppose, à l'aiguillon spirituel, une couche d'indifférence de plus en plus épaisse ; elle a remplacé la religion par la culture, forme insipide de pasteurisation de l'esprit ; elle a quitté l'orbite chrétienne pour tourner, soit autour de la corbeille financière, soit autour du sexe, divinité de substitution qui semble détenir le secret de la vie, et qui procure, faute de vie éternelle, la compensation d'une sorte de perpétuité biologique ; elle donne la pilule à ses petites filles, et elle installe des distributeurs de préservatifs dans les écoles ; ce n'est pas l'« ordre moral » qui est menacé par ce genre d'initiative, c'est le cœur humain lui-même que l'on conduit à la solitude et au néant. Les unions précoces n'engendrent nullement la liberté, mais le mépris. Elles encouragent la prostitution juvénile, avec l'obligeant concours de l'État, et, en favorisant les expériences multiples, elles contribuent à la propagation de la cruelle maladie à laquelle, jusqu'ici, l'on n'a trouvé à opposer qu'une défense élastique des plus aléatoires.

Les intrusions abusives du clergé d'autrefois dans l'intimité des chrétiens — terrorisés par l'ombre du confesseur, qui planait sur la vie conjugale — vous retiennent aujourd'hui d'intervenir trop bruyamment dans la confusion des mœurs et des sentiments. Cela se comprend. Au moralisme rigide du siècle dernier, qui voyait le péché partout, surtout dans la chambre à coucher, a succédé une aimable tolérance qui ne le voit plus nulle part, pas même dans le bois sacré. Le péché a disparu. Supprimé il y a deux siècles par décret philosophique, son abolition a été confirmée par la théorie évolutionniste, qui a fini par contaminer la pensée chrétienne elle-même : celle-ci ne voit ni ce que le principe de la *survivance du plus apte* peut avoir de contraire à l'Évangile, ni le point d'appui qu'il offre aux thèses racistes et eugénistes ; car, selon l'Évangile, tout ce qui manque au plus faible est aussitôt remplacé par de l'infini, c'est-à-dire par le Christ lui-même, forme de subsidiarité évidemment ignorée du darwinisme, mais qui ne devrait pas l'être des chrétiens. On n'ose plus parler du « péché originel », doctrine géniale qui explique tout du drame et des contradictions de la condition humaine, avec ses aspirations, ses nostalgies, ses conflits intérieurs et ce précieux sentiment d'imperfection qui est à l'origine de tous les progrès de l'esprit. Le chrétien déculpabilisé n'y croit plus, mais il se trouve exactement dans la situation prédite par le Serpent du premier jardin : il a à décider souverainement du Bien et du Mal. Comme il a perdu tous ses repères traditionnels, il ne décide rien du tout, et il se laisse tout doucement paganiser avec la société contemporaine.

Il nous faut, mes pères, une foi simple, expérimentale et catégorique.

On nous propose, sans autrement insister d'ailleurs, une foi formaliste, abstraite et dubitative.

Formaliste. Autrefois, Jean le Baptiste, les pieds dans le Jourdain, immergeait et aspergeait à tour de bras, et ne faisait passer d'examen à personne ; c'était le bon temps. Nous sommes devenus beaucoup plus exigeants. On refuse — l'exemple me touche de près — de baptiser une petite fille sous prétexte qu'elle n'a pas lu l'Évangile et n'agit point, par conséquent, en connaissance de cause. Elle a trois ans. Les lecteurs de l'Évangile sont rares à cet âge, et qui peut se flatter d'agir en pleine connaissance de cause, quand cette cause est celle de Dieu ? Faut-il être astronome pour avoir la permission de contempler les étoiles ?

« Démythologisé », « démythifié », quelques-uns disent même « démystifié », le discours chrétien des nouveaux docteurs devient de plus en plus abstrait. Effrayés par les diplodocus que chevauchent d'impitoyables anthropologues, les nouveaux docteurs n'osent plus parler d'Adam et Ève, alors qu'Adam et Ève existent encore, et existeront tant que l'espèce consentira à se reproduire, chose incertaine toutefois, on en convient, dans l'état présent des mœurs. Ils n'osent pas non plus, on l'a noté, parler du péché originel, alors que la génétique nous y ramènera quelque jour, qui n'est peut-être pas si éloigné. Ils cherchent, désespérément, à insérer la religion dans la spirale évolutionniste, c'est-à-dire dans l'Histoire, idole des temps modernes, creuse, menteuse et débauchée, qui depuis toujours couche avec les vainqueurs, méprise les vaincus, achève la veuve et l'orphelin, se rassasie de sang et s'abreuve de larmes. Comment peut-on, mes pères, nous faire célébrer et chanter rituellement « Dieu, Maître de l'Histoire », quand l'Histoire nous fournit chaque jour des milliers d'enfants morts de faim à enterrer, qu'elle ouvre des charniers en Yougoslavie, sans avoir refermé ceux du Cambodge, et que les crématoires d'Auschwitz ont encore la gueule ouverte ? Grande imprudence de langage, et qui expose l'Église à la terrible question des cœurs simples : « Si l'Histoire a un maître, pourquoi ce maître ne se fait-Il pas obéir ? Et s'Il est bon, pourquoi tant de maux ? » La dévotion à l'Histoire mène à l'incrédulité.

Or nous avons besoin d'une foi catégorique, celle qui fait plier le genou, croit, contre le scepticisme que rien n'est trop, ni même assez beau pour être vrai, et tient le doute pour ce qu'il est : une tentation, un retour insidieux de ce « moi » congédié par l'amour, et qui ne renonce jamais tout à fait au pouvoir. Nous voyons avec tristesse les nouveaux docteurs composer avec toutes les erreurs du siècle, s'évertuer à enfermer la vérité chrétienne dans les limites de l'intelligence humaine, rétrécies par l'habitude, et cultiver jour après jour la mauvaise herbe du doute, qui étouffe l'une après l'autre toutes les fleurs de notre jardin.

Oui, il y a une vérité, et vous le savez, mes pères, cette vérité n'est ni une construction de l'esprit, ni une conception du monde, ni même une morale. Saint Paul n'a pas manqué se noyer trois fois pour aller annoncer aux Romains qu'il avait découvert un nouveau symbolisme, et ce n'est pas pour fonder un système que saint Pierre s'est fait crucifier la tête en bas. Si le christianisme avait été une nouvelle école de pensée, cette école serait fermée depuis longtemps, et son enseignement ne prendrait pas plus de place dans les manuels d'histoire que celui des Esséniens ou des Sadducéens. La vérité chrétienne n'est pas une idée.

Elle présente la particularité, qui la fait éternelle, d'être une personne qui n'est pas venue nous dire : « Je sais la vérité, je vous l'apporte », mais : « Je *suis* la vérité », assertion surprenante qui modifie radicalement le rapport de l'intelligence et de son objet : le problème du chrétien devant la vérité n'est pas de la découvrir, mais de lui ressembler.

Pourquoi vous croyez-vous tenus, mes pères, de donner l'impression que vous êtes vous aussi « en recherche », alors que vous avez trouvé depuis longtemps ? Pour le chrétien, la vérité est un être vivant, le plus vivant de tous ceux qui furent ou seront jamais ; elle porte un nom, celui du Christ ; ce n'est pas notre regard sur le monde qui importe, c'est le sien ; notre lumière est dans ses yeux, et le reste est ténèbres.

Mes pères, la morale a changé d'adresse, elle a quitté le domicile familial pour s'établir en ville, où elle parle justice sociale, économie, politique, relations internationales, protection de la nature. Elle parle aussi de l'avenir de l'humanité, mais elle ne sait plus ce que c'est qu'un homme ; car il existe, entre la vie privée, qui se montre surtout depuis quelque temps privée de sentiment, et la vie sociale, un grand espace vide de pensée morale : le terrain vague de la biologie et de la génétique où l'on voit, le cœur serré, messieurs les membres des comités d'éthique errer à la recherche d'un principe indiscutable (qu'ils ne trouvent pas), qui leur permette d'élaborer de nouvelles lois (qui restent à concevoir). Aujourd'hui, les pouvoirs conquis par la connaissance sont plus étendus que la connaissance elle-même, et messieurs les membres des comités d'éthique n'ont point d'éthique à proposer, faute de référence à un absolu. Dans le vaste laboratoire de la génétique, l'être humain a perdu sa définition. Grave accident, vous en conviendrez.

Vous intervenez souvent, mes pères, dans les affaires sociales, et vous avez bien raison de nous rappeler les exigences de la justice et de la solidarité. Nous vous sommes forts reconnaissants de parler comme vous le faites de la paix, de l'avenir des peuples et du bien commun. Mais ce ne sont pas, dans ce domaine, les orateurs qui manquent, et votre voix, vous le savez, n'y déchaîne pas la tempête. Pendant ce temps, les manipulations de la génétique posent chaque jour, à la conscience chrétienne, des questions qui restent sans réponse. Mes pères, vous êtes attendus dans le terrain vague où l'image de Dieu que nous sommes, paraît-il, hésite mortellement sur son identité.

Depuis que je suis entré dans l'Église par la fenêtre, un jour de grand beau temps, comme par mégarde et en pensant à autre chose, je sais que l'Église est d'institution divine. Donc, elle est éternelle, son histoire en fournit bien des preuves, tant il est vrai qu'on l'aura crue maintes fois près de sa fin, alors qu'elle était près d'un recommencement. Lorsque retombe la poussière soulevée par l'effondrement des empires, on la voit reparaître, intacte, priant tranquillement, avec ceux qui l'aiment, pour ceux qui avaient cru la détruire. Elle n'est pas liée à un système, à un régime, à une civilisation ; elle est liée à la vie dans ce que celle-ci a de plus mystérieux et de plus incompréhensible, comme son propre langage l'est quelquefois ; elle aurait bien tort d'en changer, dans le vain espoir de se faire entendre d'un siècle qui est moins à convaincre de ses erreurs qu'à guérir de sa surdité spirituelle. Tel est le miracle, mes pères, que nous attendons de vous.

Ne croyez pas que nous méconnaissions vos mérites et que nous fassions peu de cas de vos bonnes œuvres ; il est clair que vous avez choisi le bien et que vous vous êtes, surtout depuis le Concile, beaucoup rapprochés de l'Évangile. Nous vous avons vus, avec joie, prendre en toute circonstance le parti des pauvres. Mais, aujourd'hui, dans ce monde égaré et menteur, il n'y a pas plus pauvre que Dieu.

Cet ouvrage a été composé par C.M.L., Montrouge
et achevé d'imprimer en décembre 1992
sur presse CAMERON,
dans les ateliers de la S.E.P.C.
à Saint-Amand-Montrond (Cher)
pour le compte de la Librairie Arthème Fayard
75, rue des Saints-Pères - 75006 Paris

ISBN : 2-213-03014-6
35-57-8958-02

N° d'édit. : 2320. N° d'imp. : 2603.
Dépôt légal : décembre 1992.

Imprimé en France

35.8958.7